SOUVENIRS

D'UNE EXPLORATION SCIENTIFIQUE

DANS LE NORD DE L'AFRIQUE.

III.

HISTOIRE MALACOLOGIQUE

DE LA

RÉGENCE DE TUNIS

PAR

M. J. R. BOURGUIGNAT.

PARIS

CHALLAMEL AINÉ, LIBRAIRE-ÉDITEUR,

Commissionnaire pour l'Algérie, les Colonies et l'Orient,

27, RUE BELLECHASSE ET RUE DES BOULANGERS, 30.

ALGER	CONSTANTINE	BONE
BASTIDE, LIBRAIRE-ÉDITEUR, Place du Gouvernement	ARNOLET, LIBRAIRE-ÉDITEUR, Rue du Palais.	CAUVY, LIBRAIRE-ÉDITEUR, Papetier.

1868

OUVRAGES SCIENTIFIQUES

DU MÊME AUTEUR.

AMÉNITÉS MALACOLOGIQUES. — 2 vol. in-8 avec 45 pl. noires lithogr. Paris, 1853-1860, chez Baillière et fils, libraires, 19, rue Hautefeuille. Chaque volume 25 fr., soit. . . . . 50 fr.

SPICILÉGES MALACOLOGIQUES. — 1 vol. in-8 avec 15 pl. lithogr. noires ou color. Paris, 1862, chez Baillière et fils. . . . . 25 fr.

MOLLUSQUES NOUVEAUX, LITIGIEUX OU PEU CONNUS. — Paraissant par décade. Paris, 1863 à 1868. 8e décade in-8 contenant 38 pl. noires ou coloriées, en vente chez Savy, libraire, 24, rue Hautefeuille, au prix de 4 fr. chaque. La 9e décade est sous presse.

LETTRES MALACOLOGIQUES. — Paris, 1re, 1867; 2e, 1868, in-8.

TESTACEA NOVISSIMA quae cl. de Saulcy, in itinere per Orientem, annis 1850 et 1851, collegit. Paris, 1852, in-8, chez Baillière et fils. . . . . 2 fr. 50

CATALOGUE RAISONNÉ DES MOLLUSQUES TERRESTRES ET FLUVIATILES recueillis par M. de Saulcy pendant son voyage en Orient. 1 vol. in-4 avec pl. noires lithogr. Paris, 1853, chez Gide et Baudry, libraires éditeurs, 5, rue Bonaparte, et chez Baillière et fils.

MONOGRAPHIE DE L'ANCYLUS JANI. — Brochure in 8, 1853, chez Baillière et fils. 1 fr.

DESCRIPTIONS D'ANCYLES NOUVEAUX de la collection de M. Cuming, précédées d'une notice sur le genre *Ancylus*, et d'un catalogue complet des espèces qui le composent. Londres, 1853, brochure in-8 avec 1 pl. noire. . . . . 4 fr.

MONOGRAPHIE DES ESPÈCES FRANÇAISES DU GENRE SPHÆRIUM, suivie d'un catalogue synonymique des sphéries constatées en France à l'état fossile. 1 vol. in-8 avec 4 pl. noires lith. Bordeaux, 1854, chez Baillière et fils. . . . . 6 fr.

NOTICE SUR UNE PIERRE TOMBALE conservée en l'église Notre-Dame de la Ville-au-Bois. 1 vol. in-4 avec titre et les têtes de chapitres chromolithographiées dans le texte, et 3 pl. noires et coloriées. Bar-sur-Aube, 1855. . . . . 10 fr.

CATALOGUE RAISONNÉ DES PLANTES VASCULAIRES du département de l'Aube. 1 vol. in-8. Paris, 1856, chez Baillière et fils. . . . . 5 fr.

MALACOLOGIE TERRESTRE DE L'ILE DU CHATEAU D'IF, près de Marseille. — In-8 avec 2 pl. noires lithogr. Paris, 1860, chez Baillière et fils. . . . . 6 fr.

HISTOIRE MALACOLOGIQUE

DE LA

RÉGENCE DE TUNIS.

Paris. mai 1868.

A

M. ADOLPHE FLEURAT.

Ne vous est-il jamais arrivé, au retour d'une longue exploration, de rappeler vos souvenirs et de recommencer votre voyage ? Oui, sans doute ! pour moi, cela m'arrive souvent.

Je ne trouve rien d'agréable comme de parcourir le monde de cette manière. Plus de fatigue, plus de soucis ; les impressions bonnes ou mauvaises se présentent en foule à la mémoire.

Ici, Alger avec son port aux mille arcades ; Mustapha, avec ses bosquets de myrtes, de lentisques et d'orangers ; là bas, le désert aux plaines interminables, avec ses sources aux eaux fades, souvent fétides, grâce aux Arabes si sales, bien dignes habitants de ces contrées peu favorisées.

D'autres fois, debout sur le pont du navire, l'on voit se dérouler tout ce magnifique panorama des côtes algériennes : Bougie, avec ses vieux remparts espagnols; Stora, avec sa belle fontaine romaine; Philippeville et ses riches campagnes couvertes de fleurs et de moissons; Bone et sa superbe forêt de l'Edough; la Calle, au petit port, d'où s'échappent, comme d'une ruche, mille balancelles de corailleurs.

J'adore ces sortes de voyages.

Dernièrement donc, en composant cette malacologie de la Régence, je parcourais en esprit Tunis et son Bardo, Utique aux ruines gigantesques, Carthage et son petit village Bou-Saïd, qui semble inspecter au loin la mer, quand je vins à me rappeler une personne aimable et obligeante.

Cette personne, c'était vous.

Permettez-moi donc, cher monsieur, en souvenir de votre amabilité, de vous dédier cette histoire malacologique de la régence de Tunis.

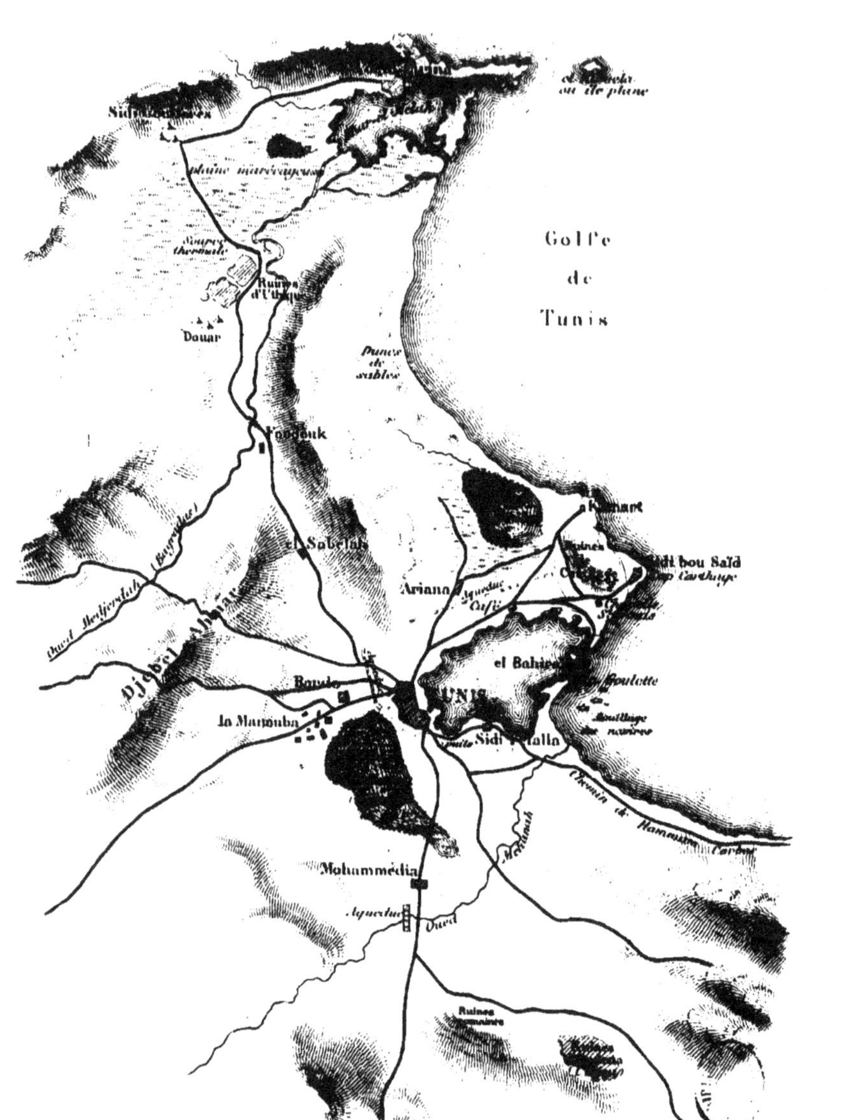

Carte des environs de TUNIS

Challamel Lib. Edit.

I

Ce fut le vendredi, 3 mai, à l'aube du jour, que, debout sur le pont de la *Saintonge*, j'aperçus enfin le cap Carthage, couronné par le petit village Bou-Saïd ; un peu plus loin, sur une hauteur, la chapelle Saint-Louis, dans le bas la Goulette, et dans le lointain, à l'extrémité du lac Bahirah, Tunis la blanche, se détachant sur une colline rougeâtre.

Le moment était mal choisi, à ce qu'il paraît, pour visiter la régence de Tunis.

Je ne venais pas à Tunis, cette ville étrange, en amateur et en artiste. Mon intention était tout autre.

Chargé d'une mission scientifique, mon but était de parcourir les parties montueuses de la Régence, d'explorer les cavernes, d'étudier, en un mot, par les ossements fossiles, l'époque préhistorique en ces contrées. Mon désir était, en outre, de traverser la Régence entière par le Kef, pour gagner les défilés de Souk-Arras, dans la province de Constantine, lorsqu'à Tunis, malgré le bon vouloir du consul et des agents consulaires, malgré surtout l'extrême obligeance de M. Adolphe Fleurat, je vis que mes projets étaient inexécutables.

Voici en quelles circonstances j'étais tombé dans cette ville.

Depuis de longs mois, un soleil implacable, un soleil saharien avait brûlé de ses rayons cette partie de l'Afrique. On avait bien essayé d'ensemencer les terres; mais, sans eau, les grains n'avaient pas pris la peine de germer, les sources étaient sans humidité, les champs étaient nus, les rochers desséchés; la campagne entière avait l'aspect morne et désolé d'un cimetière abandonné. Poussés par la faim, toujours mauvaise conseillère « malesuada fames, » les habitants avaient pris les armes, d'autant plus que le dey du camp allait se mettre en route pour percevoir les impôts.

Une de ces causes suffisait seule pour allumer une révolte. Une seconde en sus était donc plus que suffisante pour faire que de Tabarka à Gapsa, du Kef aux Zaghouans, les plaines n'étaient plus sûres, les défilés étaient dangereux, les montagnes étaient mortelles.

Je ne pouvais donc, en de telles circonstances, donner suite à mes projets. Je pris mon parti. Je résolus d'étudier les environs de Tunis aux points de vue géologique et malacologique.

Ce sont donc *seulement* les résultats malacologiques de mes courses que je présente en ce moment.

Si les résultats de mes recherches offrent une importance médiocre, l'aridité du sol et l'extrême chaleur du climat en sont les principales causes. Si j'avais eu la chance d'avoir le temps nuageux et les ondées de la traversée, bien des découvertes auraient pu être faites; malheureusement il n'en a pas été ainsi.

Pour rendre plus intéressant le catalogue des espèces recueillies aux environs de Tunis, j'ai jugé utile d'y adjoindre toutes les autres déjà connues de la Régence : de telle sorte qu'avec les coquilles de mes courses je présente en réalité une faune malacologique tunisienne aussi complète que possible.

Toutes les espèces nouvelles sont décrites et sont figurées. J'ai également donné les descriptions et la représentation de toutes celles qui ont été signalées par les auteurs, à l'exception d'une seule, l'Helix mendicaria, que je ne connais que par la description de L. Pfeiffer.

Quant à celles dont je signale seulement les localités, elles ont toutes été décrites et représentées dans ma *Malacologie de l'Algérie* (1), publiée en 1864.

(1) Malacologie de l'Algérie, ou Histoire naturelle des animaux mollusques terrestres et fluviatiles recueillis dans nos possessions du nord de l'Afrique. Paris, 1864, 2 vol. gr. in-4, avec 58 pl. et 5 cartes ; chez Challamel ainé, libraire-éditeur, 30, rue des Boulangers.

De cette façon, grâce à cet ouvrage, les malacologistes pourront facilement, avec les renvois synonymiques qui accompagnent le nom de chaque espèce, reconnaître la faune entière de ce pays.

Cette faune est encore bien pauvre. La liste actuelle ne dépasse guère une soixantaine de mollusques, ce qui est bien peu pour un aussi vaste pays, pour une contrée aussi accidentée.

Mais, c'est qu'il n'est pas facile d'explorer tranquillement la Régence.

Des difficultés de toute sorte assaillent et entravent les pas des voyageurs.

Le manque de route, l'aridité du sol, la chaleur du soleil, la mauvaise nourriture, l'eau souvent fétide, les moustiques, la vermine, et surtout la perfidie et la malveillance des populations arabes, sont autant de causes qui viennent rebuter et désespérer.

Il se trouve même certaines contrées où le vol et l'assassinat sont à l'ordre du jour, comme le Kef et les Zaghouans, par exemple, magnifiques pays montueux couverts de forêts, où les habitants sont si mauvais, si perfides, qu'il est excessivement dangereux d'y pénétrer en temps de paix, à plus forte raison en temps d'effervescence, comme à l'époque où je débarquais à Tunis.

Il y a encore le mauvais vouloir des autorités arabes, qui, tout en n'osant pas s'opposer au désir des explorateurs, mettent en dessous main une foule d'entraves qui finissent par décourager. Les Arabes, qui ne peuvent comprendre les idées scientifiques, s'imaginent toujours que sous le but apparent d'étude se cache une arrière-pensée tout autre.

Pour tous ces motifs, par toutes ces causes, la Régence, à l'exception des environs de Tunis à 5 à 6 lieues à la ronde, est presque encore inconnue. Je me rappelle même qu'il ne m'a pas toujours été facile d'explorer tranquillement toutes les localités que j'aurais désiré visiter autour de la ville.

Ainsi, je me souviens que, aux ruines d'Oudena, les Arabes des douars environnants, m'ayant aperçu prendre mon repas, m'entourèrent et m'obsédèrent à ce point que je fus forcé de me réfugier dans le souterrain d'un ancien bain romain et d'en défendre l'entrée de mon fusil. Ces pauvres gens étaient si affamés, qu'ils se disputaient comme de vraies bêtes féroces les quelques morceaux que je leur donnais. C'était le commencement de cette terrible famine qui décime actuellement nos populations de l'Algérie. Malgré que je me fusse dessaisi, en leur faveur, de tout ce que je pouvais leur donner, ces Arabes me suivirent tant et tellement, devinrent même si insolents, qu'ils finirent par me dégoûter à ce point que je fus forcé d'abandonner mes recherches et mes études. A Utique et près d'un petit douar dont j'ai oublié le nom, je fus également si tourmenté, que je fus obligé de me retirer. S'il en est ainsi aux environs de la capitale, qu'est-ce que cela doit être dans l'intérieur de la Régence.

Malgré ces quelques ennuis, j'ai pu parcourir facilement et en toute sécurité, en compagnie d'un guide zélé et intelligent, Malaspina, que je devais à l'obligeance de M. Adolphe Fleurat, presque tous les alentours de Tunis.

Au nord, mes excursions se sont étendues (voyez la carte) jusqu'à la plaine marécageuse d'Utique et au golfe de Porto-Farina, le Rhar-el-melah; au sud jusqu'aux ruines d'Oudena et aux premiers contre-forts des montagnes de Plomb. A l'ouest, j'ai parcouru les nombreux coteaux du Djebel-Ahmar et la plaine de l'Oued-Medjerdah, l'ancien Bagradas des Romains; enfin, à l'est, j'ai exploré presque toute la côte, depuis les dunes au nord de Kamart, les ruines de Carthage, jusqu'à l'embouchure de l'Oued-Melianah.

II

MILAX GAGATES.

Limax gagates, *Draparnaud*, Tabl. Moll., p. 100, 1801, et Hist. Moll. France, p. 122, pl. IX, fig. 1, 1805.

Milax gagates, *Gray*, Cat. of pulmon. or air-breath. Moll., p. 174, 1855.

Sous les pierres, au pied du Djebel-Abdella, près du cap Roux, à l'est de la Calle.— Ariana, près de Tunis.

ZONITES SUBPLICATULUS.

Zonites subplicatulus, *Bourguignat*, Mal. Alg., t. II, p. 304, 1864.

Testa pervio-umbilicata, depressa, pellucida, nitida, rufo-cornea, argutissime minutissimeque plicatula (plicæ in ultimo anfractu evanescentes); — spira vix convexiuscula; apice lævigato; — anfractibus 5 1/2 supra fere planulatis, regulariter crescentibus, sutura sat impressa separatis; ultimo magno, rotundato; — apertura parum obliqua, lunato-rotundata; peristomate acuto, simplice.

Coquille déprimée, assez transparente, brillante, d'une couleur rousse-cornée, et pourvue d'un ombilic profond en forme d'entonnoir. Test orné de petites stries fines, élégantes, très-serrées les unes contre les autres, rendant la surface légèrement rugueuse et allant en s'effaçant petit à petit, de telle sorte que sur le dernier tour, qui paraît lisse, ces stries ne sont plus sensibles qu'autour de la suture. Spire peu convexe, à sommet lisse. Cinq tours et demi presque plans en dessus, s'accroissant avec régularité et séparés par une suture assez prononcée. Dernier tour grand, arrondi, d'une teinte un peu moins foncée en dessous. Ouverture peu oblique, échancrée, arrondie. Péristome simple et aigu.

Haut. . . . . 5 millimètres.
Diam. . . . . 10 —

Sous les pierres, aux ruines de Carthage. Paraît rare.

ZONITES EUSTILBUS.

Zonites eustilbus, *Bourguignat*, Mal. Alg., t. I, p. 76, pl. IV, f. 11-16, 1864.

Ruines d'Utique, sous les pierres. Rare.

ZONITES OTTHIANUS.

Helix Otthiana, *Forbes*, Land and freshw. Moll. of Alg., in Ann. nat. Hist. or Mag., p. 252, 1838, et Supplém., pl. XI, f. 2, 1839.

Zonites Otthianus, *Bourguignat*, Cat. Zonites, in Amén. malac., t. II, p. 153, 1859, et Malac. Alg., t. I, p. 79, pl. VI, f. 6-10, 1864.

Sur les rochers du cap Roux.

ZONITES CANDIDISSIMUS.

Helix candidissima, *Draparnaud*, Tabl. Moll., p. 75, 1801, et Hist. Moll. France, p. 89, pl. V, f. 19, 1805.

Zonites candidissimus, *Moquin-Tandon*, Obs. mach. Hel., in Mém. Acad. Toulouse (3ᵉ série), t. IV, p. 374, 1848.

Excessivement abondante dans toute la Régence, notamment aux environs de Tunis, dans le vallon au sud-est de la colline de Sidi ben Hassen, ainsi que sur les ruines d'Oudena.

HELIX APERTA.

Helix aperta, *Born*, Test. mus. Vindob., p. 387, t. XV, f. 19-20, 1780.

Dans les champs, au pied des oliviers, des cactus, etc. Environs de Tunis, à la Manouba, au marabout Sidi-Felalla, à l'Ariana, à Kamart, près du palais en ruine de l'ancien ministre Ben Hayet. Sur les versants du Djebel-Ahmar, et dans toute la partie supérieure de la vallée de la Medjerdah.

HELIX MELANOSTOMA.

Helix melanostoma, *Draparnaud*, Tabl. Moll., p. 78, 1801, et Hist. Moll. France, p. 91, pl. V, f. 24, 1805.

Très-abondante dans les vallons aux environs de Tunis. Vallée de la Medjerdah.

La variété *maxima* est commune près d'un ancien puits espagnol, à 1 kilomètre à peu près de la porte sud-est de Tunis. En cette localité, il n'est pas rare de rencontrer des échantillons de 50 à 54 millimètres de hauteur sur 42 à 44 de diamètre.

HELIX NUCULA.

Helix nucula, *Parreyss*, in *L. Pfeiffer*, Monogr. Hel. viv., t. IV, p. 161, 1859, et *Bourguignat*, Malac. Alg., t. I, p. 98, pl. VII, f. 9-10, 1864.

Environs de Kamart et de Porto-Farina, près de Tunis. Cette espèce, qui est très-voisine de la *melanostoma*, est une coquille du centre taurique, acclimatée, de temps immémorial, sur les coteaux du littoral.

HELIX PACHYA.

Helix pachya, *Bourguignat*, in Amén. malac., t. II, p. 180, pl. XXI, f. 6-9, 1860, et Malacol. Alg., t. I, p. 100, pl. VII, f. 5-8, 1864.

Espèce du centre taurique, acclimatée, comme la *nucula*, le long du littoral et dans les hautes vallées de la Medjerdah.

HELIX ASPERSA.

Helix aspersa, *Müller*, Verm. Hist., t. II, p. 59, 1774.

Excessivement commune dans la Régence. Environs de Tunis. Ruines d'Utique, de Carthage, d'Oudena. Vallée de la Medjerdah, sur la rive droite, à 1 kilomètre de Fondouck, où se trouvent de magnifiques échantillons.

HELIX VERMICULATA.

Helix vermiculata, *Müller*, Verm. Hist., t. II, p. 20, 1774.

Espèce peu abondante aux environs de Tunis ; plus commune sous les pierres, ou au pied des oliviers, sur le versant du Djebel-Ahmar. Vallée de l'Oued-Melianah. Environs de Porto-Farina.

HELIX CONSTANTINÆ.

Helix Constantina, *Forbes*, Land and freshw. Moll. of Alg., in Ann. nat. Hist. or Mag., p. 251, 1838, et Supplém., pl. XI, f. 1, 1839.

Helix Constantinæ, *Bourguignat*, Malac. Alg., t. I, p. 113, pl. X, f. 1-7, 1864.

Aux environs de Tunis, où cette Hélice est commune, surtout dans la partie sud et sud-est, ainsi qu'à la Mohammedia, aux ruines d'Oudena, etc. Cette espèce est ordinairement de taille médiocre et possède un test assez conoïde. Ses principales variétés, en dehors du type caractérisé par cinq bandes brunes, sont les suivantes :

VAR. *unifasciata*. — Coquille entièrement blanche, à l'exception d'une petite zone supérieure brunâtre. — Çà et là, ruines d'Utique ; Kamart.

VAR. *candida*. — Coquille entièrement blanche, à spire assez élancée. — Environs de Tunis.

VAR. *conoïdea*. — Coquille petite, à spire conoïde (haut. 21, diam. 22).— Près de la colline de Sidi ben Hassen.

VAR. *minima*. — Coquille à cinq bandes, comme le type, mais d'une très-faible taille (haut. 16, diam. 20). — Très-abondante aux portes de Tunis, près du marabout Mahoubia. Ruines d'Utique.

HELIX FLEURATI.

Testa imperforata, ventricoso-globosa, solida, cretacea, nitida, obcure striatula, ac supra leviter vix submalleata, omnino candida ; — spira convexa ; apice subbrunneo, paululum mamillato ; — anfractibus 5 ad 6 convexis, regulariter crescentibus, sutura impressa separatis ; ultimo rotundato, celeriter valide descendente, ad peristoma sæpissime crispulato ; — apertura obliqua, parvula, lunata, infra recta, externe rotundata, intus candida; — peristomate labiato, patulo; margine externo reflexiusculo; — margine columellari candido, subcalloso, callum adpressum in loco umbilicali præbente, marginibus tenuissimo callo junctis.

Coquille imperforée, ventrue-globuleuse, de forme obèse, à test solide, crétacé, brillant, entièrement blanc, à peine strié et offrant çà et là quelques légères malléations peu prononcées. Spire convexe, à sommet brunâtre et un peu mamelonné. Cinq à 6 tours, à croissance régulière, séparés par une suture bien marquée. Dernier tour globuleux, arrondi, très-souvent ridé et comme crispé au bord péristomal et présentant, vers l'ouverture, une direction descendante très-prononcée et très-rapide. Ouverture oblique, blanche, petite, peu développée, aussi haute que large, échancrée par l'avant-dernier tour, rectiligne à la base et de forme arrondie vers le bord externe. Péristome blanc, bordé, évasé. Bord externe réfléchi. Bord columellaire d'un blanc brillant, légèrement calleux vers sa partie médiane. Bords marginaux réunis par une callosité délicate, qui se prolonge sur la partie ombilicale qu'elle recouvre entièrement.

Haut.	16-18 millimètres.
Diam.	22-24 —

Var. *B subcarinata*. — Coquille de forme plus obèse, offrant, sur l'avant-dernier tour, une carène obsolète qui s'évanouit sur le dernier tour.

Var. *C obesa*. — Coquille plus petite, aussi haute que large.

Cette nouvelle Hélice, que je dédie à M. Adolphe Fleurat, premier drogman du consulat de France, à Tunis, est excessivement abondante aux environs de Tunis, dans les terres cultivées et dans les friches. Champs au sud et au sud-est de Tunis, entre un vieux puits espagnol et les collines de Sidi ben Hassen et de la forteresse Bordj el Raïs. Ruines d'Oudena. Ruines d'Utique et de Carthage, non loin de la chapelle Saint-Louis.

L'Helix Fleurati est une espèce voisine des Helix Constantinæ et Bonduelliana (1) d'Algérie. Elle se distingue :

1° De la *Constantinæ*, par son test bien plus petit, plus crétacé et toujours

(1) *Bourguignat*, Malac. Alg., t. I, p. 116, pl. IX, f. 15-18, 1864.

d'un blanc uniforme ; par sa coquille plus ventrue, plus globuleuse ; par ses tours à croissance lente et régulière ; par son dernier tour proportionnellement moins développé ; par son ouverture plus petite, non oblongue ; par son péristome moins évasé, etc.....;

2° De la *Bonduelliana*, par sa coquille plus petite ; par ses tours à croissance plus lente ; par sa suture plus accentuée ; par son dernier tour descendant plus fortement ; par son ouverture relativement plus petite ; par son péristome plus évasé, etc....

HELIX ROSEO-TINCTA.

Helix roseo-tincta, *Forbes*, Land and freshw. Moll. of Alg., in Ann. nat. Hist. or Mag., p. 252, 1838, et Supplém., pl. XI, f. 3 (mauvaise), 1839.

Sous les pierres, aux ruines d'Oudena.

HELIX RUPESTRIS.

Helix rupestris, *Draparnaud*, Tabl. Moll. France, p. 71, n° 4, 1801, et Hist. Moll. France, p. 82, pl. VII, f. 7-9, 1805.

Dans les anfractuosités des rochers à Porto-Farina, et vraisemblablement dans toutes les montagnes du nord de la Régence.

HELIX MALASPINÆ.

Testa perforata, minuta, depressa, subpellucida, hispidula, rugosa, castanea ac flammulis albidulis passim strigata; — spira depressa, convexiuscula; apice obtuso, lævigato, leviter prominente; — anfractibus 5 convexis (prioribus regulariter, ultimo valide) crescentibus, sutura profunda separatis; ultimo paululum angulato, subtus exacto-rotundato, ad aperturam regulariter lenteque descendente; — apertura perobliqua, vix lunata, fere rotundata ; — peristomate simplici, recto; margine columellari leviter patulo; marginibus approximatis.

Coquille perforée, petite, déprimée, mince, un peu transparente, rugueuse, d'une teinte marron, ornée çà et là de petites flammules blanchâtres, et pourvue, en dessus et en dessous, de petits poils jaunâtres excessivement courts. Spire déprimée, un peu convexe, à sommet lisse, obtus, légèrement proéminent. 5 tours convexes, à croissance régulière, à l'exception du dernier, qui est proportionnellement très-développé. Suture profonde. Dernier tour un peu anguleux, parfaitement arrondi en dessous, offrant, vers l'ouverture, une direction descendante régulière, très-lente et peu sensible. Ouverture très-oblique, peu échancrée, presque ronde. Péristome simple et droit. Bord columellaire légèrement évasé. Bords marginaux assez rapprochés.

Haut.	3 millimètres 1/2.
Diam.	6 —

Cette nouvelle espèce, que je dédie à mon interprète Malaspina, le compagnon de toutes mes courses aux environs de Tunis, vit près du Bardo, à la Manouba, sur les débris du figuier de Barbarie. Ruines d'Utique, où cette hélice est beaucoup plus rare.

HELIX CONSPURCATA.

Helix conspurcata, *Draparnaud*, Hist. Moll. France, p. 105, pl. VIII, f. 23-25, 1805.

Dans les jardins, au pied des arbustes, à Kamart et à l'Ariana.

HELIX MENDICARIA.

Helix mendicaria, *L. Pfeiffer*, Desc. of thirty-six new spec. of Land shells, etc., in Proceed. zool. Soc., p. 136, 1860

Testa mediocriter umbilicata, conoïdeo-semiglobosa, solidula, striata et sub lente breviter pilosa, cornea; — spira conoïdea; apice subtili nitido; — anfractibus 4 1/2 turgidis; ultimo vix descendente; — apertura parum obliqua, lunato-subcirculari; — peristomate simplici, recto; margine columellari vix dilatato, non reflexo; marginibus convergentibus.

Coquille conoïde, demi-globuleuse, à test assez solide, strié, d'une teinte cornée, laissant apercevoir, à la loupe, des poils excessivement courts et délicats, et pourvu d'un ombilic médiocre. Spire conoïde; sommet petit et brillant. 4 tours et demi convexes, comme gonflés. Dernier tour, présentant vers l'ouverture, une légère direction descendante. Ouverture peu oblique, faiblement échancrée, de forme presque arrondie. Péristome simple et rectiligne; bord columellaire non réfléchi, à peine dilaté; bords marginaux convergeant l'un vers l'autre.

Haut. . . . . 4 millim.
Diam. . . . . 12 —

Cette espèce a été découverte par M. Tristam dans l'intérieur de la régence de Tunis.

HELIX LENTICULA.

Helix lenticula, *Férussac*, Prodr., n° 154, 1821, et Hist. génér. Moll., p. 361, pl. LXVI, f. 1.

Sous les pierres, dans le fossé des remparts du Bardo.

HELIX WARNIERIANA.

Helix Warneriana, *Bourguignat*, Moll. Sahara, in *Duveyrier*, les Touaregs du Nord, Supplém., p. 4, pl. XXVI, f. 18-20, 1864.

Testa perforata, carinata, globoso-conica, solidula, cretacea, passim subpellucida, albido-lutescente, maculis corneis subtranslucidis irregulariter variegata, ac striata obscureque passim malleata; spira parum elata, conica; apice minuto, lævigato, nitidissimo, fulvo: — anfractibus 6 1/2, vix subconvexiusculis, carinatis (carina ad aperturam eva-

nescens), regulariter crescentibus, sutura paululum impressa separatis; ultimo majore, basi rotundato, ad insertionem labri externi paululum descendente; — apertura obliqua, lunato-rotundata; peristomate acuto, recto, intus remote albo incrassato præsertim ad basin; margine columellari ad partem superiorem reflexo; marginibus tenui callo junctis.

Coquille perforée, carénée, de forme globuleuse-conoïdale. Test solide, crétacé, d'une teinte jaune blanchâtre, parsemée çà et là par de petites taches cornées un peu translucides et orné de striations grossières, interrompues par des malléations plus ou moins prononcées. Spire peu élancée, conique, à sommet petit, lisse, fauve, très-brillant. Six tours et demi à peine convexes, s'accroissant avec régularité, munis d'une carène qui disparaît vers l'ouverture et séparés par une suture peu profonde. Dernier tour plus grand, bien arrondi à sa base, offrant, vers l'insertion du bord externe, une direction descendante régulière. Ouverture oblique, échancrée, arrondie. Péristome droit, aigu, encrassé à l'intérieur, surtout vers la base de l'ouverture, par un léger bourrelet blanchâtre peu saillant, assez enfoncé; bord columellaire réfléchi surtout à sa partie supérieure; bords marginaux réunis par une callosité délicate.

Haut. . . . . 8 millim.
Diam. . . . . 10 —

L'Helix Warnieriana est abondante dans le sud de la Régence, surtout aux alentours du petit village de Keriz, près du Chott-el-Djérid.

HELIX PSAMMOICA.

Helix psammoïca, *Morelet*, App. conch. Alg. in Journ. conch., t. II, p. 356, pl. IX, f. 11, 1851.

Sur les plantes salines des dunes, sur le bord de la mer, dans le nord de la Régence.

HELIX GERYVILLENSIS.

Helix Geryvillensis, *Bourguignat*, Paléont. Alg., p. 65, pl. 3, f. 13-17, 1862, et Malac. Alg., t. Ier, p. 202, pl. XXI, f. 1-6, 1864.

Commune dans le fossé qui entoure l'enceinte du Bardo, et dans ceux qui environnent les jardins de la Manouba, près du Bardo. Les échantillons recueillis dans ces localités sont beaucoup plus beaux et plus forts que ceux de l'Algérie que j'ai pu voir vivants ou fossiles.

HELIX BARDOENSIS.

Testa mediocriter profunde umbilicata, depressa, solida, cretacea, striato-rugosa præsertim in ultimo anfractu, sordide albidula, vel sæpissime nigro-bilineata, aut septenis zonulis nigris (zonulæ interruptæ, evanescentes) prope aperturam lineatis; — spira convexa; apice nitido, lævigato, parvulo, castaneo; — anfractibus 6 convexiusculis, regulariter lenteque crescentibus, sutura sat impressa separatis; — ultimo rotundato, ad aperturam recto vel breviter subdescendente; — apertura obliqua, parum lunata, sat rotundata; peristomate simplici, recto intus profunde labiato; margine columellari ad insertionem leviter patulo; — marginibus convergentibus.

Coquille déprimée, solide, crétacée, striée, rugueuse surtout sur le dernier tour et pourvue d'un ombilic profond médiocrement évasé. Test d'un blanc sale, ou le plus souvent entouré de 2 zonules, ou bien quelquefois de 7 zonules noirâtres, interrompues, s'évanouissant vers l'avant-dernier tour. Dans le premier cas, une zonule est supérieure, l'autre est inférieure; dans le deuxième cas, 2 zonules sont supérieures et les 5 autres sont inférieures. Spire convexe, à sommet brillant, lisse, petit, d'une teinte marron. 6 tours assez convexes, s'accroissant avec lenteur et régularité, et séparés par une suture assez bien marquée; dernier tour arrondi, rectiligne ou descendant un peu vers l'ouverture; celle-ci est oblique, peu échancrée, presque arrondie. Péristome simple, droit, pourvu, à l'intérieur, d'un lobe assez enfoncé. Bord columellaire légèrement évasé vers son insertion; bords marginaux convergeant l'un vers l'autre.

Haut. . . . . 6 millim.
Diam. . . . . 10 —

Sur les pelouses aux environs du Bardo; — revers des fossés qui entourent les jardins de la Manouba, près du Bardo.

Cette espèce nouvelle peut être considérée comme la forme représentant dans ce pays l'Helix striata de nos contrées.

HELIX RUFOLABRIS.

Helix rufolabris, *Benoit*, in L. *Pfeiffer*, in Malak Blätter, p. 184, 1856, et Monogr. Hel. viv., t. IV, p. 132, 1859.

— — *Bourguignat*, Malac. Alg., t. Ier, p. 210, pl. XXIV, f. 11-16, 1864.

Espèce abondante dans la partie sud de la Régence, à Gabès, sur les herbages du littoral; à Keriz, à Nafta, sur les bords du Chott-el-Djérid.

HELIX LINEATA.

Helix lineata, *Olivi*, Zool. Adriat., p. 177, 1792.

Hélice des plus abondantes sur les plantes, les arbustes, les gazons, les pelouses de la Régence. Environs de Tunis; ruines de Carthage, d'Utique, d'Oudena. Aux alentours de Gabès, de Keriz, de Nafta, dans le sud.

HELIX LAUTA.

Helix lauta, *Lowe*, Primit. Faun. Mader., p. 53, pl. V, f. 9, 1831, et *Bourguignat*, Malac. Alg., t. Ier, p. 221, pl. XXIII, f. 12-23, 1864.

Espèce également abondante de tous côtés, à Tunis, Carthage, Utique, Gabès, Keriz, etc.

HELIX VARIABILIS.

Helix variabilis, *Draparnaud*, Tabl. Moll., p. 73, 1801, et Hist. Moll. France, p. 84, pl. V, f. 11-12, 1805, et *Bourguignat*, Malac. Alg., t. Ier, p. 224, pl. XXIII, f. 1-11, 1864.

Magnifiques échantillons à Gabès, à Sfax, dans l'île de Djerba, au sud de la Régence.

HELIX CRETICA.

Helix cretica, *Férussac*, Prodr., n° 288, 1821, et *Bourguignat*, Malac. Alg., t. I, p. 232, pl. xxv, f. 16-20, 1864.

Contrées littorales de toute la Régence où cette espèce du centre taurique se trouve acclimatée. — Environs de Tunis, où elle est rare. — Plus abondante dans le sud à Gabès et dans le Djérid.

HELIX EUPHORCA.

Helix euphorca, *Bourguignat*, Malac. Alg., t. I, p. 233, pl. xxv, fig. 21-24, 1864.

Espèce abondante dans le sud de la Régence, aux environs de Gabès, dans le Djérid, etc.

HELIX PISANA.

Helix Pisana, *Müller*, Verm. Hist., II, p. 60, 1774.

Hélice des plus abondantes partout, à Utique, Carthage, Tunis, Oudena, Gabès, Keriz, Nafta, et dans tout le Djérid.

HELIX ARENARUM.

Helix arenarum, *Bourguignat*, Malac. Alg., t. I, p. 238, pl. xxvii, f. 1-9, 1864.

Abondante dans la Régence, notamment dans les pays incultes, sablonneux du littoral. — Environs de Kamart, du côté des dunes. — Sfax, Gabès et dans tout le Djérid.

HELIX CESPITUM.

Helix cespitum, *Draparnaud,* Tabl. Moll., p. 92, 1801, et Hist. Moll., p. 109, pl. VI, f. 14-15, 1805.

Cap Roux. — Var. *minor,* à Oudena, près de Tunis.

HELIX PYRAMIDATA.

Helix pyramidata, *Draparnaud,* Hist. Moll. France, p. 80, pl. V, fig. 5-6, 1805.

Espèce très-commune partout. Tunis; ruines de Carthage et d'Oudena; Gabès et Keriz, près du Chott-el-Djérid.

HELIX NUMIDICA.

Helix Numidica, *Moquin-Tandon,* in *L. Pfeiffer,* in *Chemnitz* und *Martini,* Conch. cab. (2e éd.), g. Helix, n° 712, tab. CXIX, f. 3-4. — *L. Pfeiffer,* Monogr. Hel. viv., t. I, p. 144, 1848.

Dans les contrées sud et centrales de la Régence. Abondante dans les sacs de céréales provenant de ces pays.

HELIX ARIANENSIS.

Testa profunde angusteque perforata, carinata, supra subtusque convexa, leviter sublenticulari, solida, cretacea, rugosa, sordide grisea ac zonulis interruptis nigrescentibus vel sæpius obscuris circumornata; — spira depressa, convexa; apice minuto, nitido, corneo, lævigato; anfractibus 5 1/2 convexiusculis, lente crescentibus, sutura parum impressa separatis; ultimo mediocri, carinato (carina ad peristoma evanescens), supra vix convexa, subtus convexiore, ad aperturam breviter paululum descendente; — apertura obliqua, lunata, subangulata, inferius rotundata; peristomate recto, simplici, intus profunde labiato; margine columellari ad insertionem leviter patulo.

Coquille carénée, de forme un peu lenticulaire, convexe en dessus et en dessous, et pourvue d'une perforation profonde, bien qu'étroite. Test solide, crétacé; fortement côtelée, comme rugueuse, d'une couleur grisâtre sale et entourée, en outre, de plusieurs bandes noirâtres interrompues ou, le plus souvent, aux trois quarts effacées. Spire fortement déprimée, convexe, à sommet petit, lisse, corné et brillant. 5 tours et demi peu convexes, s'accroissant avec lenteur, et séparés par une suture peu prononcée. Dernier tour peu développé, caréné (la carène s'évanouit presque entièrement vers le bord péristomal), peu convexe en dessus, plus arrondi en dessous, offrant vers l'ouverture une direction descendante, courte et peu prolongée. Ouverture oblique, échancrée, légèrement anguleuse, bien arrondie vers sa partie basale. Péristome simple, rectiligne, bordé, à l'intérieur, d'un encrassement assez enfoncé. Bord columellaire légèrement évasé vers l'insertion.

Haut. . . .	4 1/2	millim.
Diam. . . .	8	—

Cette nouvelle espèce, du groupe de l'*Helix Tinei* de Sicile, habite dans les jardins de l'Ariana, près de Tunis.

HELIX TUNETANA.

Helix Tunetana, *L. Pfeiffer*, in Zeitsch. für malak., p. 70, 1850, et in Monogr. Hel. viv., t. III, p. 160, 1853, et in *Chemnitz* und *Martini*, Conch. cab. (2e éd.), Helix, n° 864, tab. CXXXIV, f. 3-4.

Testa anguste umbilicata, depressa, acute carinata, supra subtusque convexa, ruditer granulata, opaca, cretacea, pallide fuscula; — spira convexiuscula, apice lævigato, corneo, plano, non prominente; — anfractibus 4 compresso-carinatis, oblique planis, exsertis, celeriter crescentibus; — ultimo acute carinato, supra vix convexiusculo, subtus convexo, circa umbilicum turgido, sicut subangulato, ad aperturam non descendente; — apertura obliqua, subrotundato-rhomboidali; peristomate subsimplici; margine supero subrecto; margine basali arcuato, incrassato-reflexo; margine columellari ad insertionem patulo.

Coquille déprimée, convexe en dessus et en dessous, pourvue d'une carène aiguë et d'un ombilic peu développé. Test opaque, crétacé, d'une teinte pâle brunâtre et présentant une surface ridée, granuleuse et fortement rugueuse. Spire peu convexe, à sommet lisse, corné, plane et non proéminent. 4 tours comprimés, inclinés en forme de toit, à croissance rapide et entourés d'une carène aiguë qui dépasse la suture. Dernier tour fortement caréné, non descendant vers l'ouverture, peu convexe en dessus, plus convexe en dessous et offrant, vers la perforation ombilicale, une partie renflée, comme subanguleuse. Ouverture oblique, de forme subrhomboïdale presque arrondie. Péristome simple. Bord supérieur presque rectiligne. Bord inférieur arqué, bordé et réfléchi. Bord columellaire évasé vers son insertion et recouvrant quelquefois un peu la perforation ombilicale.

Haut. . . . 8 millim.
Diam. . . . 18 —

Cette belle espèce, du groupe de l'*Helix mograbina* d'Algérie, n'habite point aux environs de Tunis, ainsi que L. Pfeiffer et les autres auteurs l'ont signalée par erreur.

Pendant mon séjour à Tunis, j'ai fait tous mes efforts pour recueillir cette coquille. Toutes mes recherches ont été infructueuses. J'ai eu beau explorer Tunis, les ruines de Carthage, d'Utique, d'Oudena, toutes les montagnes environnantes, je n'en ai pu trouver un seul échantillon mort ou vivant.

J'ai su, cependant, de plusieurs personnes que j'ai interrogées sur diverses questions scientifiques, et devant lesquelles j'ai dessiné cette espèce, que cette Hélice était abondante dans le sud de la Régence, notamment dans les parties montueuses du Djérid.

HELIX TRISTAMI.

Helix Tristami, *L. Pfeiffer*, Desc. of thirty-six new spec. of Land shells, in Proceed. zool. Soc., p. 136, 1860.

Testa aperte umbilicata, perdepressa, supra subtusque convexiuscula, acute carinata, tenui, opaca, sordide albidula, corneo obsolete variegata, oblique valide plicata; — spira vix elevata, convexiuscula; apice minuto, nitido, corneo, lævigato; — anfractibus 5 1/2, convexiusculis, lente crescentibus, sutura (carina leviter exserta marginata) separatis; — ultimo antice non descendente, infra carinam compressam crenulatamque convexo; — apertura obliqua, lunata, angulata, inferius rotundata; peristomate recto, simplici, intus sublabiato: margine supero antrorsum provecto et arcuato.

Coquille très-déprimée, faiblement convexe en dessus et en dessous, munie d'une carène aiguë qui dépasse à tous les tours la suture, et pourvue d'un ombilic bien ouvert. Test mince, tout en restant opaque, d'une teinte sale blanchâtre, ordinairement mouchetée de flammules cornées assez effacées et présentant une surface fortement sillonnée de gros plis obliques qui rendent la carène crénelée. Spire peu élevée, légèrement convexe, à sommet petit, lisse, corné et brillant. 5 tours et demi faiblement convexes, s'accroissant avec lenteur, séparés par une suture dominée par la carène des tours. Dernier tour non descendant, convexe en dessous et offrant une carène crénelée, comprimée en dessus. Ouverture oblique, un peu échancrée, anguleuse, arrondie à sa partie inférieure. Péristome simple, rectiligne, intérieurement légèrement bordé. Bord supérieur arqué et un peu projeté en avant.

Haut. . . .	4-5	millim.
Diam. . . .	11-12	—

Cette Hélice habite sur les rochers, dans les montagnes de l'intérieur de la Régence.

Notre ami le conseiller Letourneux d'Alger a découvert, l'année dernière, une variété un peu moins déprimée de cette espèce à Lella-Kredidja, en Kabylie.

L'Helix Tristami appartient au groupe des Helix *Schrembrii* (1) et *Spratti* (2) de Malte et de Sicile.

(1) *Schwerzenbach*, in *Benoit*, Illust. test. extram. Sicil. ult., p. 182, pl. IV, f. 26, 1862.
(2) *L. Pfeiffer*, Symb. ad Hist. Hel. viv., t. III, p. 69, 1846.

HELIX TERRESTRIS.

Helix terrestris, *Chemnitz* und *Martini*, Conch. cab., t. IX (2e partie), p. 47, tab. CXXII, f. 1045, 1786.

Espèce très-abondante dans toute la Régence, notamment à Tunis, à Carthage, à Utique, à Oudena, à Keriz, à Sfax, où elle atteint les plus belles proportions.

HELIX TROCHLEA.

Helix trochlea, *L. Pfeiffer*, Symb. ad Hist. Hel. viv., III, p. 69, 1846.

Environs de Kamart. — Ruines de Carthage. — Au pied des oliviers, sur le versant est du Djebel-Ahmar.

HELIX BARBARA.

Helix barbara, *Linnæus*, Syst. Nat. (éd. x), p. 773, 1758, et (éd. XII), t. II, p. 1249, 1767.

Au pied des arbres, aux environs de Tunis. — La Mohammedia.— Ruines d'Oudena. — Peu abondante.

HELIX ACUTA.

Helix acuta, *Müller*, Verm. Hist., II, p. 100, 1774.

Coquille des plus communes dans toute la Régence.

BULIMUS DECOLLATUS.

Helix decollata, *Linnæus*, Syst. Nat. (éd. x), p. 773, n° 608, 1758 et (éd. XII), p. 1247, 1767.

Bulimus decollatus, *Bruguière*, Hist. vers., in Encycl. méth., t. I, p. 326, 1789.

Espèce abondante aux environs de Tunis, notamment dans les champs incultes, sous les pierres, le long des rochers de Sidi ben Hassen, de Sidi Felalla et du marabout Mahcoubia. — Ruines de Carthage, sur l'emplacement de l'ancienne Mégara, près de Kamart. — Ruines d'Utique et d'Oudena. — Paraît moins abondante aux alentours du Bardo et de la Manouba.

Cette espèce n'atteint pas, aux environs de Tunis, les belles proportions des *decollatus* algériens des alentours de Bougie, de Constantine, etc., mais elle peut rentrer dans la taille des variétés *intermedia* et *minor* signalées dans la Malacologie de l'Algérie (t. II, p. 5, pl. I, f. 1-3-16, 1864).

BULIMUS PUPA.

Helix pupa, *Linnæus*, Syst. Nat. (éd. x), p. 773, 1758.

Bulimus pupa, *Bruguière*, Hist. vers., in Encycl. méth., t. I (2e partie), p. 349, 1792.

Peu commune.—Au pied des oliviers, sur le versant est du Djebel-Ahmar. — Kamart, sous les pierres. — Sur les bords de l'Oued-Medjerdah, près du pont de Fondouk, dans des alluvions, ce qui indique que ce Bulime habite les hautes vallées de ce fleuve.

FERUSSACIA ABROMIA.

Ferussacia abromia, *Bourguignat*, Malac. Alg., t. II, p. 45, pl. III, f. 29-31, 1864.

Rare. — Ruines d'Utique, sous les pierres et les rochers, non loin de la source thermale.

FERUSSACIA PROCERULA.

Glandina procerula, *Morelet*, Test. nov. Alg., in Journ. conch., p. 357. tab. IX, f. 12, 1851.

Ferussacia procerula, *Bourguignat*, in Amén. malac., t. I, p. 198, pl. XIX, f. 7-9, 1856, et Malac. Alg., t. II, p. 46, pl. IV, f. 5-7, 1864.

Dans les alluvions de l'Oued-Medjerdah. — Habite les hautes vallées de ce fleuve.

FERUSSACIA EREMIOPHILA.

Ferussacia eremiophila, *Bourguignat*, in Amén. malac., t. I, p. 199, pl. XIX, f. 20-23, 1856, et Malac. Alg., t. II, p. 48, pl. IV, f. 1-4, 1864.

Habite les parties montueuses des sources de l'Oued-Medjerdah, d'où elle se trouve entraînée lors des grandes crues. — Alluvions de ce fleuve à 2 kilomètres environ au-dessous du pont de Fondouck.

FERUSSACIA CARNEA.

Pegea carnea, *Risso*, Hist. nat. Eur. mérid., t. IV, p. 88, pl. III, f. 29 (mauvaise), 1826.

Ferussacia carnea, *Bourguignat*, Étud. syn. Moll. Alpes-Marit., p. 52, pl. I, f. 23-25, 1861, et Malac. Alg., t. II, p. 50, pl. III, f. 32-35, 1864.

Cette Férussacie, éditée en 1826 par Risso, comme espèce particulière aux environs de Nice, n'a jamais été retrouvée aux environs de cette ville.

Voilà ce que j'écrivais, en 1861, en rétablissant la synonymie et en donnant les caractères de cette coquille que L. Pfeiffer, par erreur, avait nommée Tornatellina Fraseri (1).

Cette coquille n'habite point aux environs de Nice. Risso n'affirme rien à ce sujet. Il dit seulement qu'il l'a reçue comme provenant des environs, et en cela cet auteur n'a point été induit en erreur, parce qu'effectivement ce mollusque s'y trouve seulement acclimaté accidentellement.

« On doit savoir que la ville de Nice fait un grand commerce de blé, d'orge, etc., avec Tunis. Or, lorsque ces céréales africaines sont débarquées sur le port de Nice, elles subissent, avant d'être livrées aux marchands, la préparation du criblage, c'est-à-dire que l'on sépare, au moyen de ventilateurs, de *vans*, le bon grain de toutes les saletés qui l'accompagnent. Parmi toutes ces parties hétérogènes, telles que poussières, sables, petites pierres, fétus de pailles, se trouvent aussi très-souvent une grande quantité de coquilles, voire même d'insectes morts, que les Arabes, peu soigneux de leur naturel, n'ont pas eu le courage de rejeter de leurs céréales.

« C'est donc parmi ces résidus que la *Ferussacia carnea* a été récoltée ; et même maintenant il n'y a pas d'impossibilité à ce qu'on ne puisse la retrouver de nouveau, lorsqu'on voudra se livrer, dans ses détritus, à la recherche des coquilles et des insectes.

« M. le chevalier Verany, savant distingué de Nice, se procure tous les ans, par ce moyen, un grand nombre de coquilles tunisiennes, etc.

« On voit donc que, bien qu'elle ait été recueillie à Nice, la *carnea* ne vit point dans ce pays, mais qu'elle est restée jusqu'à présent une espèce essentiellement africaine. Il n'est point encore arrivé à notre connaissance que quelques échantillons échappés par hasard se soient reproduits et propagés dans les environs. »

Cette Ferussacia est excessivement commune à Utique, où elle se trouve dans toutes les anfractuosités des pierres et des rochers. En une heure, l'on peut facilement en recueillir un millier. — Elle est rare aux ruines de Carthage, où je n'ai pu en récolter que deux échantillons dans une ruine au-dessous de la chapelle Saint-Louis. — Elle semble manquer aux alentours de Tunis et aux ruines d'Oudena.

(1) *L. Pfeiffer*, Monogr. Hel. viv., t. III, p. 526, 1853, et t. IV, p. 652, 1859.

Cette coquille, caractérisée par une ouverture ornée, à sa paroi aperturale, d'une lamelle saillante assez forte, profondément située et s'enfonçant dans l'intérieur ; d'une columelle blanche, lamelleuse, tordue, présentant vers sa partie supérieure un renflement assez considérable et offrant à sa base une légère apparence de troncature à l'endroit où finit la lamelle, appartient au groupe des Ferussacia lamellifera (1), agrecia (2) d'Algérie.

L'animal de cette espèce est d'un beau vert émeraude, à l'exception du pied, qui paraît d'une belle teinte jaune verdâtre.

CLAUSILIA BIDENS.

Turbo bidens (3), *Linnæus*, Syst. Nat. (éd. x), I, p. 767, 1758, et éd. xii, p. 1240, 1767.

Clausilia bidens (4) *Turton*, Moll. Brit., p. 73, f. 56, 1831.

Sous les pierres, dans les anfractuosités des ruines, à Carthage, où elle est rare.

La variété *virgata* (Clausilia virgata, *Cristoforis* et *Jan*, Cat. mant., 1832. — Clausilia papillaris, *var.* virgata, *Rossmässler*, Iconogr., III, p. 12, f. 170, 1836) a été recueillie à Utique, dans les ruines des anciens bains romains, près de la source thermale.

CLAUSILIA TRISTAMI.

Clausilia Tristami, *L. Pfeiffer*, Desc. thirty-six spec. in Proceed. zool. Soc. London, t. XXVIII, f. 140, 1860, et *Bourguignat*, Malac. Alg., t. II, p. 71, pl. v, f. 4-6, 1864.

(1) *Bourguignat*, in Amén. malac., t. I, p. 200, pl. xix, f. 13-16, 1856, et Malac. Alg., t. II, p. 53, pl. iii, f. 39-41, 1864.

(2) *Bourguignat*, Malac. Alg., t. II, p. 51, pl. iii, f. 36-38, 1864.

(3) Non turbo bidens, *Pennant*, Brit. Zool., p. 131, 1777, qui est la Clausilia laminata de *Turton* (Turbo laminatus *Montagu*, 1803).

(4) Non Clausilia bidens, *Draparnaud*, Hist. Moll., p. 68, pl. iv, f. 5-7, 1805, qui est la Clausilia laminata, *Turton*, 1831. — Nec Clausilia bidens, *Risso*, Hist. nat. Eur. mérid., t. IV, p. 85, 1826, qui est la Clausilia solida de *Draparnaud*, 1805.

Cette espèce, signalée de l'intérieur de la régence de Tunis, doit habiter, selon toute probabilité, d'après les renseignements que nous avons pu obtenir, le Djérid.

Elle n'existe pas aux alentours de Tunis.

CLAUSILIA PUNICA.

Testa rimata, cylindraceo-fusiformi, rufo-cinerascente, valide regulariterque costulata (costæ pallidiores, ad suturam fere semper tuberculosæ, in ultimo anfractu prope aperturam validiores); spira attenuata; apice lævigato, rufo, obtuso, sicut mamillato; — anfractibus 10 vix convexiusculis, regulariter crescentibus, sutura fere lineari separatis; ultimo plicato-costulato, ad basin valide compresso-gibboso; — apertura soluta, rotundato-ovali, ad basin intus sicut canaliculata; lamella superiore minuta ac tenui; lamella inferiore valida, profunda ac flexuosa; plicis palatalibus nullis; plica subcolumellari immersa, vix perspicua; lunella distincta, lunari; peristomate continuo, albo, expanso; margine externo superne sinuato-incrassato.

Coquille cylindrique-fusiforme, peu résistante, d'une teinte uniforme rousse cendrée et pourvue d'une fente ombilicale profonde, bien que très-étroite. Test orné de costulations régulières, fortes, également distantes les unes des autres, d'un ton plus pâle que le reste de la coquille, presque toujours tuberculeuses à la suture, et devenant, sur le dernier tour, plus fortes et plus espacées. Spire atténuée, terminée par un sommet lisse, roussâtre, obtus, comme mamelonné. 10 tours à peine convexes, à croissance régulière, séparés par une suture presque linéaire. Dernier tour pourvu d'une arête cervicale comprimée et fortement costulée. Ouverture détachée, ovale-arrondie, intérieurement comme canaliculée. Lamelle supérieure petite et mince. Lamelle inférieure forte, profonde, légèrement flexueuse. Plis palataux nuls. Pli subcolumellaire enfoncé, peu visible. Lunelle distincte, de la forme d'un croissant. Péristome continu, blanc, évasé; bord externe épaissi et un peu sinueux à sa partie supérieure.

Haut.	16-17 millimètres.
Diam.	4 — 1/2.

Cette belle espèce est excessivement abondante dans les anfractuosités des ruines d'Utique. Je n'ai pu la rencontrer ni à Carthage, ni à Oudena, ni aux environs de Tunis. Elle semble être localisée à Utique.

PUPA GRANUM.

Pupa granum, *Draparnaud*, Tabl. Moll., p. 59, 1801, et Hist. Moll. France, p. 63, tab. III, f. 45-46, 1805.

Coquille peu abondante.— Au Bardo, le long des fossés des fortifications.— Sous les pierres, à Kamart et à la Mohammedia.

PUPA UMBILICATA.

Pupa umbilicata, *Draparnaud*, Hist. Moll. France, p. 62, t. III, f. 39-40, 1805.

Alluvions de l'Oued-Kebir, près du Bordj-Djedid, à l'est du cap Roux. — Alluvions de l'Oued-Medjerdah. — Sous les rochers, près de Sidi Felalla. — Assez rare.

PHYSA BROCCHII.

Isidora Brocchii, *Ehrenberg*, Symb. phys. Moll. (1), 1831.

Physa Brocchii, *Bourguignat*, Phys. cont. Afric., in Amén. malac., t. I, p. 169, 1856, et Malac. Alg., t. II, p. 174, pl. x, f. 45-46, 1864.

Alluvions de l'Oued-Medjerdah, au-dessous du pont de Fondouck.

LIMNÆA VATONNI.

Testa oblongo-lanceolata, subventricosa, sat fragili, subpellucida, cornea ac striatula; — spira lanceolato-conica; apice acuto, minuto; — anfractibus 4 1/2 convexiusculis, celeriter crescentibus, sutura impressa separatis; — ultimo maximo, 2/3 altitudinis

(1) Sans pagination.

æquante : — apertura verticali, longitudinaliter semioblonga ; columella recta, superne expanso-reflexiuscula ; peristomate recto ac acuto ; margine externo convexo ; marginibus callo junctis.

Coquille oblongue-lancéolée, légèrement ventrue, assez fragile, un peu transparente, cornée et faiblement striée. Spire lancéolée-conique, à sommet petit et aigu. 4 tours et demi moyennement convexes, à croissance rapide, séparés par une suture assez prononcée. Dernier tour très-grand, égalant les 2/3 de la hauteur. Ouverture verticale, semi-oblongue dans le sens de la hauteur. Columelle droite, réfléchie à sa partie supérieure. Péristome droit et aigu. Bord externe convexe. Bords marginaux réunis par une callosité.

Haut. . . . . 10 millimètres.
Diam. . . . . 5 —

Cette espèce vit dans les ruisseaux d'eau tiède du Djérid, au sud de la Régence. Je l'ai également reçue de Ghadamès, oasis du Sahara, où elle habite dans les sources thermales et les puits artésiens. (Vatonne.)

LIMNÆA TRUNCATULA.

Buccinum truncatulum, *Müller*, Verm. Hist., II, p. 130, 1774.

Limnæus truncatulus, *Jeffreys*, Syst. test., in Trans. Linn., XVI (2e partie), p. 337, 1830.

Limnæa truncatula, *Moquin-Tandon*, Hist. Moll. France, t. II, p. 475, pl. XXXIV, f. 21-24, 1855.

Dans tous les petits ruisseaux d'irrigation des oasis du sud de la Tunisie. — Alluvions de l'Oued-Medjerdah.

CYCLOSTOMA SULCATUM.

Cyclostoma sulcatum (1), *Draparnaud*, Hist. Moll. France, p. 33, pl. XIII, f. 1, 1805.

(1) Non Cyclostoma sulcatum de *Sowerby*, Thesaurus, n° 27, p. 100, t. XXIII, f. 31, qui est le Cyclostoma costulatum de *Ziègler*, in *Rossmässler*, Iconogr., VI, p. 49, pl. XXVIII, f. 395, 1837.

Sur toute la côte nord de la Tunisie, du cap Roux à Porto-Farina. Rare aux alentours de Tunis.

HYDROBIA DUVEYRIERI.

Hydrobia Duveyrieri, *Bourguignat*, Moll. terr. fluv. Sahara, in *Duveyrier*, Explor. sah. Touareg du Nord, p. 17, pl. XXVII, f. 18-20, 1864.

Testa lanceolato-turrita, solida, subpellucida, cornea, vel corneo-viridescente, argutissime sub lente striatula; — spira elato-acuminata; apice minuto, obtusiusculo; — anfractibus 7 convexiusculis (prope suturam planiusculis), paulatim crescentibus, sutura lineari separatis; — ultimo rotundato, sat ventroso, 1/3 altitudinis paululum superante: — apertura ovata, superne angulata, inferne rotundata; peristomate acuto, intus albido-incrassato; margine columellari leviter expansiusculo; margine externo præsertim ad partem exteriorem valde antrorsum arcuato; marginibus callo valido junctis.

Coquille lancéolée, turriculée, à test solide, bien qu'un peu transparent, d'une teinte cornée, uniforme, passant quelquefois à une nuance cornée-verdâtre. Striations excessivement délicates, visibles seulement à la loupe. Spire allongée, diminuant peu à peu et terminée par un sommet petit, un peu obtus. Sept tours faiblement convexes, légèrement aplatis vers la suture qui est linéaire et s'accroissant peu à peu. Dernier tour arrondi, assez ventru, dépassant le tiers de la hauteur. Ouverture ovale, anguleuse à sa partie supérieure, bien arrondie à sa partie inférieure. Péristome droit, tranchant, muni, à l'intérieur, d'un bourrelet blanchâtre. Bord columellaire légèrement évasé. Bord externe arqué en avant, surtout à sa partie inférieure. Bords marginaux réunis par une callosité assez épaisse.

Haut. . . . . 5 millimètres.
Diam. . . . . 2 —

Dans la rivière d'eau tiède de Kériz (Djérid), au nord du Chott-el-Djérid, au sud de la Régence.

AMNICOLA DUPOTETIANA.

Paludina Dupotetiana, *Forbes*, on The land and freshw. Moll. of Alg., in Ann. nat. Hist. or Mag. zool., p. 254, pl. XII, f. 3, 1838.

Amnicola Dupotetiana, *Bourguignat*, Malac. Alg., t. II, p. 244, pl. XIV, f. 31-35, 1864.

Cette espèce est très-abondante dans la vase des rigoles de la source d'Aïn-Temoguet, près de Djâdo, dans l'Ouadi-Arhlân (Djebel-Nefoûsa), au sud de la Régence.

MELANIA TUBERCULATA.

Nerita tuberculata, *Müller*, Verm. Hist., t. II, p. 191, 1774.

Melania tuberculata, *Bourguignat*, Cat. rais. Moll. orient., p. 65, 1853, et Malac. Alg., t. II, p. 251, pl. XV, f. 1-2, 1864.

Commune dans les eaux tièdes de Djérid, au nord du Chott-el-Djérid, dans le sud de la Régence.

MELANOPSIS MAROCCANA.

Buccinum Maroccanum, *Chemnitz*, Conch. cab. (éd. 1re), t. XI, p. 285, pl. CCX, f. 2080-2081, 1795.

Melanopsis Maroccana, *Morelet*, Cat. Moll. Alg., in Journ. Conch., t. IV, p. 297, 1853.

Espèce abondante dans presque tous les cours d'eau de la Régence.

On trouve, dans les petits ruisseaux d'eau tiède de Nafta et de Kériz (Djérid) au nord du Chott-el-Djérid, une charmante variété de cette espèce, caractérisée par une forme obèse, ramassée, à spire courte et presque toujours érosée. Cette variété, qui est d'une très-petite taille (haut. 6-12, diam. 4-6 millim.), a été figurée dans notre Malacologie de l'Algérie (t. II, pl. XVI, f. 9-14), en 1864, sous le nom de Saharica.

MELANOPSIS MARESI.

Melanopsis Maresi, *Bourguignat*, Paléontol. Alg., p. 106, pl. VI, f. 1-4, 1862, et Malac. Alg., t. II, p. 265, pl. XVI, f. 21-24, 1864.

Habite dans le petit ruisseau de Kériz, qui se jette dans le Chott-el-Djérid (sud de la régence de Tunis).

III

Voilà donc 61 espèces connues de la Régence : 53 terrestres, 8 fluviatiles.

J'ai donné les descriptions de 13 espèces, sur lesquelles les 6 suivantes :

Helix Fleurati,
— Malaspinæ,
— Bardoensis,
— Arianensis,
Clausilia punica,
Limnæa Vatonni,

sont des coquilles nouvelles, spéciales à ce pays et qui n'ont pas encore été recueillies nulle part ailleurs, à l'exception toutefois de la *Limnæa Vatonni*, qui a été retrouvée acclimatée dans le Sud jusqu'à l'Oasis de Ghadamès.

Sur les 61 espèces de la Régence, il ne se trouve que les 10 suivantes (1) :

Helix Fleurati,
— Malaspinæ,
— Mendicaria,
— Bardoensis,
— Arianensis,
— Tunetana,
Clausilia Tristami,
— punica,
Limnæa Vatonni,
Hydrobia Duveyrieri,

qui, bien qu'appartenant à la faune algérienne par l'ensemble de leur forme spécifique, n'ont pas encore été constatées en Algérie.

Quant aux 51 autres coquilles, elles ont toutes été signalées dans la Régence et dans nos possessions du nord de l'Afrique.

Il résulte de ces faits :

Que la régence de Tunis possède une faune semblable à celle de l'Algérie ; par conséquent, que ce pays a, depuis le commencement de l'époque actuelle, fait partie de cette grande presqu'île hispano-algérienne, qui s'étendait au sud de l'Espagne, se prolongeant au milieu des mers méditerranéennes et sahariennes, ainsi que je l'ai démontré, en 1864, dans mon ***Histoire malacologique de l'Algérie***.

(1) Les Helix Warnieriana, Tristami et Ferrussacia carnea ont été retrouvées en Algérie.

PLANCHE.

EXPLICATION DE LA PLANCHE.

1. HELIX FLEURATI, *Bourguignat*, coquille de grandeur naturelle, vue de face.
2-3. Id., coquilles de grandeur naturelle, vues en dessus et en dessous.
4. Id., variété *subcarinata*, vue de face.
5. ZONITES SUBPLICATULUS, *Bourguignat*, coquille grossie, vue en dessus.
6-7. Id., coquilles de grandeur naturelle, vues en dessus et en dessous.
8. Id., coquille grossie, vue de face.
9. Id., coquille de grandeur naturelle, vue de face.
10. HELIX MALASPINÆ, *Bourguignat*, coquille grossie, vue en dessus.
11-13. Id., coquilles de grandeur naturelle, vues en dessus, en dessous et de face.
14. Id., coquille grossie, vue de face.
15. HELIX WARNIERIANA, *Bourguignat*, coquille grossie, vue de face.
16-18. Id., coquilles de grandeur naturelle, vues de face, en dessus et en dessous.
19-21. HELIX BARDOENSIS, *Bourguignat*, coquilles de grandeur naturelle, vues de face, en dessus et en dessous.
22. HELIX ARIANENSIS, *Bourguignat*, coquille grossie, vue en dessus.
23-25. Id., coquilles de grandeur naturelle, vues en dessus, en dessous et de face.
26-27. HELIX TUNETANA, *L. Pfeiffer*, coquilles de grandeur naturelle, vues en dessous et de face.
28-30. HELIX TRISTAMI, *L. Pfeiffer*, coquilles de grandeur naturelle, vues en dessous, de face et en dessus.
31. Id., coquille grossie, vue en dessus.
32. LIMNÆA VATONNI, *Bourguignat*, coquille grossie, vue de face.
33. Id., coquille de grandeur naturelle, vue de face.
34. CLAUSILIA PUNICA, *Bourguignat*, coquille de grandeur naturelle, vue de face.
35. Id., ouverture très-grossie.
36. Id., dernier tour très-grossi, vu par derrière.
37. Id., coquille de grandeur naturelle, vue de profil.
38. HYDROBIA DUVEYRIERI, *Bourguignat*, dernier tour très-grossi, vu de profil.
39. Id., coquille de grandeur naturelle, vue de face.
40. Id., coquille très-grossie, vue de face.

PARIS. — IMPRIMERIE DE Mme Ve BOUCHARD-HUZARD, RUE DE L'ÉPERON, 5.

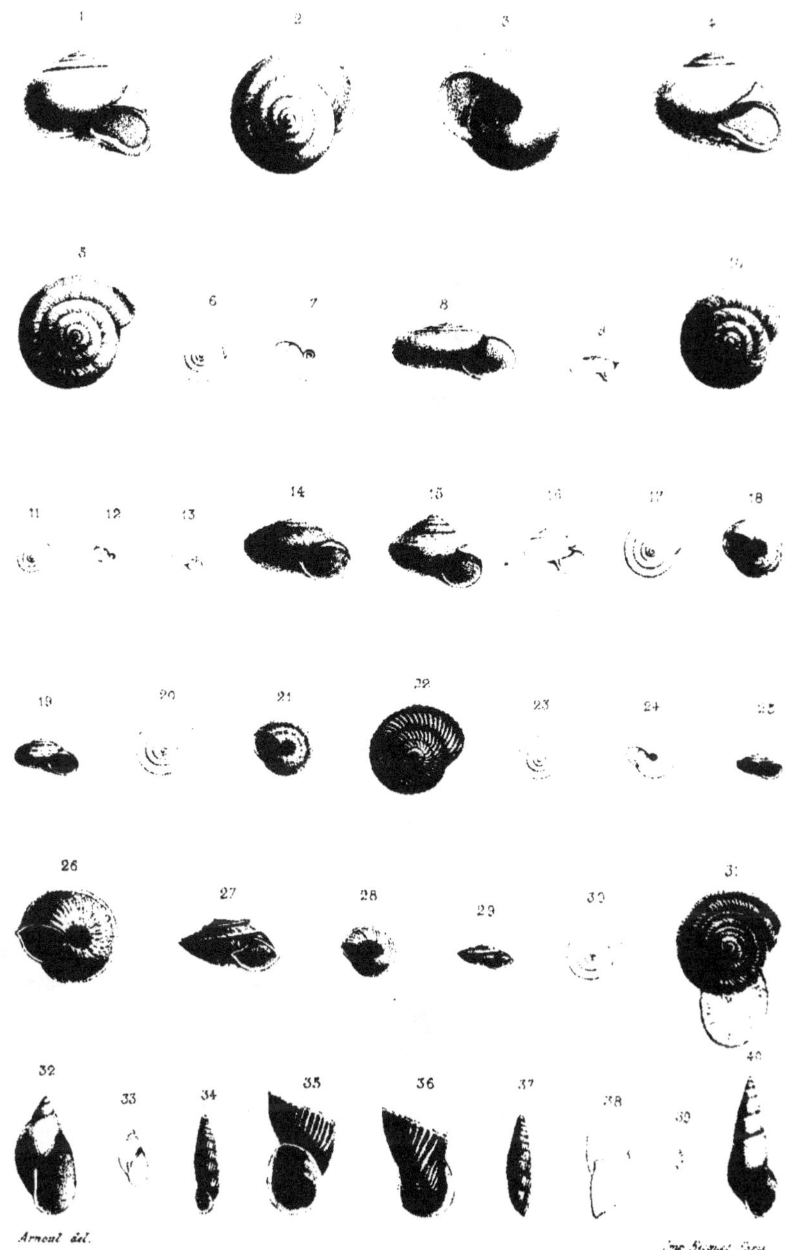

Arnoul del. *Imp. Becquet Paris*

Challamel Libr. Edit.

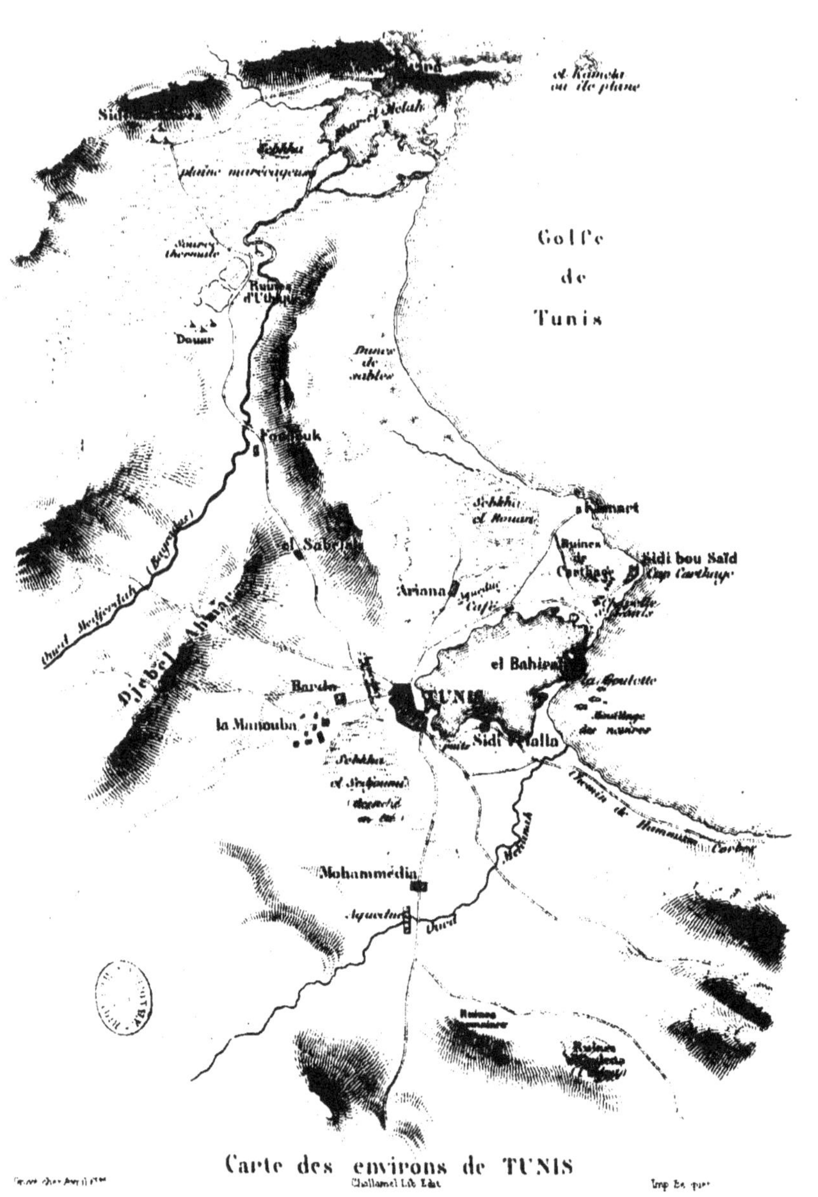

Carte des environs de TUNIS

Challamel Lib. Edit.

Imp. Becquet

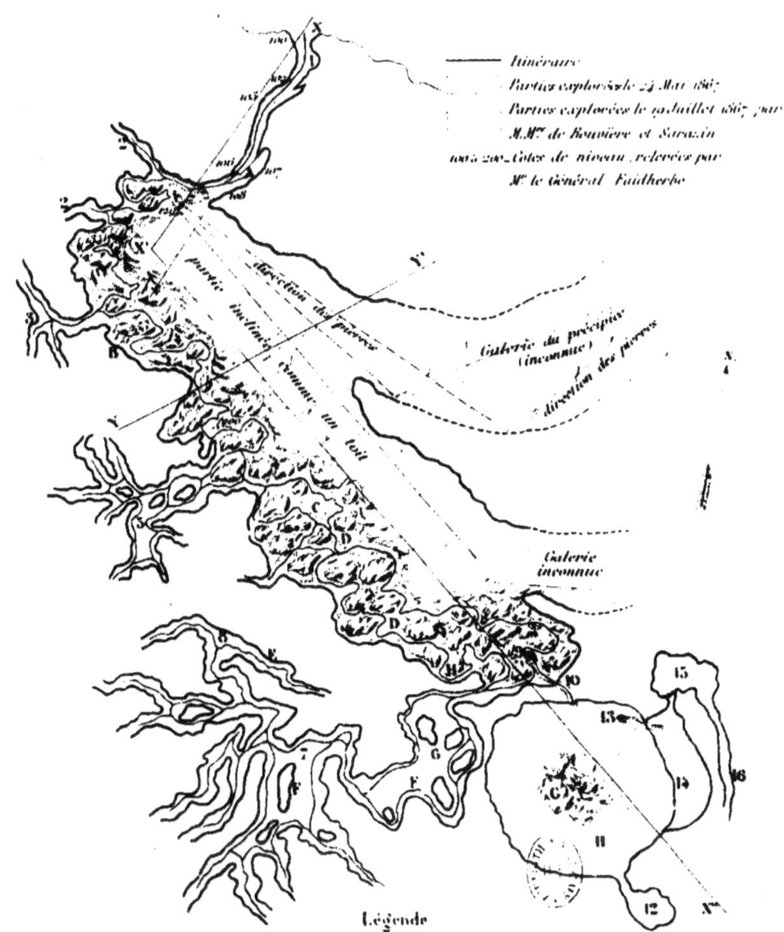

Légende

1 Couloir des inscriptions
2 Galeries Challamel
3 Galerie de Flogny
4 Grande salle de la descente
5 Galerie de l'Ours
6 Salle La Tour du Pin
7 Salle des Thibilitains
8 Galerie du vase romain
9 Puits Mokhtar
10 Galerie du balcon
11 Grande salle de la Djema
12 Boudoir Gabrielle
13 Couloir Tauchon
14 Salle Faidherbe
15 Salle de Bouvière
16 Couloir Sarazin
A Endroit des fouilles
B Point où se projète, sur la route la lumière du couloir des inscriptions
C Empreintes présumées de pas d'ours
D Ossements de moutons
E Endroit où fût trouvé le vase romain
F Parties pleines de flaques d'eau
G Autel du dieu Bacax
H Rotonde de Crujj

Plan de la caverne de la Mosquée (R'ar el Djema)

Gravé chez Avril f^res — Challamel Lib. Édit. — Imp. Becquet

www.ingramcontent.com/pod-product-compliance
Lightning Source LLC
LaVergne TN
LVHW020249230826
846091LV00006B/2319
9782013421409